Nuvia Estévez

las muñecas
las putas
las estatuas

A mi madre y su madre
A mi hija y su hijo
A las hijas
A sus muñecas

*Y en la ley nos mandó Moisés
apedrear a tales mujeres.
Tú pues, qué dices.*

Juan 8.5

las muñecas

vocabulum

Puede ser un cuchillo lo que gotea mi vientre

los libros que leí no son libros

no son hojas sus hojas

ni letras sus letras

—habría que ver quién dio forma a la tinta que no es

tinta—

no existen filósofos

        ingenieros

        doctores

        barrenderos

        esclavos

amor puede confundirse con odio si contamos las sílabas

el verso es una línea

la línea es una raya

el corazón es otra víscera

la mesa el árbol

no sé si esto que no quema es sombra

—quiero llamarle abrigo—

aquello que enfría los alimentos

es un trozo metálico de nieve

el sol es un fósforo

la noche una pestaña

el vestido que calzo es una flecha

las especias son solo el olor

por qué cilantro o laurel

por qué espejuelos y no antifaz

Eso que me protege el pie

es mi madre

daguerrotipo

La niña que está en el borde de la puerta soy yo
Desde este rincón puedo observarla   detenidamente
Aún conserva los zapatos ortopédicos de punta
cuadrada   el pelo ralo y amarillo   esa mirada absorta
que sostengo con facilidad
A veces las niñas regalan flores   Mi hija oficia de dulce
podadora   Coloca un ramillete de vicarias sobre mis
 rodillas mientras dice   a qué no adivinas lo que traje
y sale a correr
Temo que eche al suelo a su madre que aún
está recostada en la puerta mirándome con aire
acusador
Los ojos hablan más que la lengua   Quiero descifrar
Lo que la niña intenta decirme   la tristeza que habita
detrás de sus pestañas   la mueca de la boca   pero
he dejado de ser yo y soy mi madre mirándome
Ella es más rubia y tiene los ojos claros   Trae una
bata de satén rosa y zapatos de charol   Siempre que
la recuerdo anda así como en aquella foto donde
cruzaba los pies

Puedo compararla con Sofía Loren haciendo de madre

en alguna película casi olvidada   pero se me ocurre Mesalina

Mi madre no se mueve   Es el aire quien la acaricia

Es el viento quien cruza por la ventana y a ratos la hace sonreír   Pero no es a mí a quien sonríe   Es a nadie

Nadie puede ser el otro extremo del dintel carcomido la cucaracha que da vueltas y vueltas   Nadie puedo ser yo

Puede ser la niña que trajo el ramo de flores y preguntaba por la existencia de Jesús   por el destino del hombre

Nadie puede ser otra   La misma que sonríe como si mirara a un espejo   la misma que posa mientras esconde lo que pudiera brotar de la raíz

Nadie puede ser todas   Esas tres niñas que se aúpan y desmiembran   Esas tres mujeres que se rompen   vuelven a fundirse y huyen de mis ojos

     Sin regreso

primera carta de invierno

La arruga quiero yo   el verso   la cana
de quien me dio su nombre cual tesoro
Quiero la transparencia   el canto de oro:
susurro de su voz en la mañana

A mi mesa le falta su ingrediente
a mi espejo su imagen apacible
En el portal su paso inconfundible
confundo con un paso diferente

Abuela vuelve ya   quiero tu cuento
diciembre no respira sin tu aliento
mi fuego se engrandece con tu lumbre

Diviértete cual reina en mi costumbre
Renuévame en la historia que no invento
Soy niña frente a un mar de incertidumbre

ruego

A mi madre

Tú que estás al alcance de mi manto

trae un dedo de pan para el hastío

Tú que estás tan lejana del vacío

cura el golpe terrible del espanto

Tú que libas experta dócil jugo

que conoces la sal del albedrío

dile al hacha punzante de verdugo

que no vuelva jamás con su atavío

con su máscara cruel para la cena

Salva pronto la carne acuchillada

en el gris turbulento de la escena

porque muero de herrumbres   calcinada

Trae caminos de luz para mi espada

Trae un soplo de mar para la vena

mi padre en noche fría

Llegaba por las tardes   yo corría

me colgaba de él   amanecía

recostada en su pecho florecía

con mi sustancia niña lo cubría

En las noches de fiebre   qué agonía

lágrimas de silencio se bebía

trasnochaba en mi sueño cual vigía

de faro solitario en noche fría

Que perfumes de yerbas yo esparcía

Y a un gladiolo feliz me parecía

susurraba   mi padre   hasta que un día

llegó otra niña   la paloma mía

Entonces mi buen padre no me olía

Trasplantó ciego   tierno   su alegría

                                             bébeme

       la leche pobre

que brota de la placenta

a los pezones   Revienta

la soledad   Este cobre

tan opaco   tan salobre

que derramo en tu estatura

Bébeme la leche pura

Arráncame ya la huraña

madre que soy   Esa extraña

mujer de fuego y tortura

mi niña duerme

es hermosa

tan oscura su pestaña

el pelo la telaraña

del pájaro que retoza

por el cuarto   Tan dichosa

me hace mi niña   Si duerme

nada puede detenerme

hacia su verdad tranquila

Mi niña es esa pupila

que ha llegado a embellecerme

juegos de azahares

Si pudieras   desde tu sitio pequeñísimo de flor   volar

hasta mi árbol   desgajado   no te asustara el grito de pájaro

salvaje que canto cuando tengo frío

La soledad se aparece llena de telas blancas   me toma

de la mano   No me deja ir

La muerte salta por una ventana y baila con un traje de

colores púrpuras   Danzas de fuego

Entonces yo maldigo

Y tú   que juegas con azahares   temes o vuelves la cabeza

Pero no llorarás por mi aleteo   Echaré de la casa los graznidos

Las plumas que floten en el aire   no te rozarán

danza del equilibrio

Mi hija baila rock montada en el equilibrio

se ha soltado el pelo

y rompe la cabeza contra el piso

es acróbata   malabarista

se empeña en domesticar leones

dice que son mansos

que ya no mojarán su barba en el estiércol

Mi hija huye de las manzanas

anda en busca de cardos para agujerearse la frente

ella   que un día fue Penélope

ahora se retuerce en una esquina

se esconde de los perros

de los transeúntes

lanza la piel contra el asfalto

y allí queda

allí queda mi pequeña

mi santa

mi maldita inocencia

humanamente

Hija se ha quedado sola

el hombre que la mecía en la madrugada se marchó

también se fue el de los garabatos y cuentos

el que trotaba por la casa

A hija la dejaron sola

sus hijos duermen bocabajo sobre el sofá

mientras tritura como especias pedazos de papel

sacude telarañas

canta alguna musiquilla

y repite viejas historias

de los hombres que la dejaron

humanamente sola

alucinación

(Freud)

La niña pinta diablos

en el papel   pinta histerias

podredumbres y miserias

cabezas   dientes   vocablos

Dibuja viejos establos

Orejas   sangre   pronombres

Pinta entre signos mil nombres

Ella   que no sabe nada

de la vida y su emboscada

vuelve y vuelve a pintar hombres

mi paisaje

Debo ser feliz

porque mi hija duerme y menstrúa

La he mirado con innegable extrañeza

como si fuera algo

que no salió de mí

que no me arrancó el pecho

Reservada deambulo por su habitación

Soy un pájaro   que sobrevuela y ronda

Miro a mi hija como el más fiel animal

la cubro con estas alas fuertes

para que nadie aturda su menstruación tranquila

agua que fluye   cálido manantial

He dibujado la fragilidad de mi hija con palabras

dejé sobre el papel sin manchas mi secreto

Una bandera de sábanas izo a su libertad

para que se levante

como un relámpago bondadoso

y alumbre el paisaje

                                            tú que cantas

Esa que tiene aquel zapato roto

y el pelo desgreñado hasta el delirio

la que endulza las sales del martirio

en el cáliz feliz del alboroto

Esa que hiere al hombre de un hachazo

y salva al hijo ahogado en su estatura

la que lanza desnuda el salivazo

quien esconde detrás de la locura

un mar profundo   un puerto solitario

donde invoca a los dioses del diario

para que lluevan peces en su espiga

Esa que trae al hijo sobre el hombro

la de los claroscuros y el escombro

la de eternidad   esa es la amiga

las putas

                                        en p mayúscula

De placenta y pesebre

de panecillo al amanecer

de pañuelo   de pandereta

de pescador y pálido pistilo

de puerto y padre y paz

Cómo desperdiciar a la Palma

si me ha dado la piel

del que me espera

onírica

Mano que me penetras en el sueño
en busca de la sílaba que falta
Abro la puerta y a la carne asalta
un olor nauseabundo que desdeño
Hurgas en las arterias con empeño
mas la palabra envuelta en rojo encaje
cubre su rostro del brutal paisaje
que pulula contigo tras la puerta
Mano que me penetras   mano experta
No arranques de mi océano el lenguaje

inxilio

Como si sacarme de barrio

o de país

fuera la solución

A mí no hay que sacarme

Entrarme

variación de un proverbio chino

Tu perla siempre será tu perla

contémplala

ignórala

hazla rodar

Siempre será tu perla

                                                                    ebria

No me inspiro ni me emociono

con lo que no inspira o emociona

Abrir las piernas   la puerta

(Experimento)

Lo que no existe

Busco

dentada

Pincho

muerdo

desmenuzo

absorta

lenta

convencida

mi ración

de aire

                                              vacía

Voy a colgar mis hombres en tus ojos

para que se te caiga la cara

exóticas

Tengo amigas exóticas

esquizofrénicas

que me salvan de la inopia

y la estupidez humana

A veces creo que las amo

y les doy la flor que sembré en el patio

los vestidos nuevos

la historia íntima

Pero yerran de una manera lacerante

y me vuelvo un áspid

un guepardo salvaje

el lobo que sale a matar

Siempre retornan

con su grácil

risible

lastimosa esquizofrenia

Y yo regreso a ser

esa gallina madre

que les regala a diario

el huevo blanco del amanecer

alguna vez

andaremos por el pavimento

enseñando al mundo nuestras ropas de carne

derramando el vino extinguido

en el fondo de los hombres

Alguna vez nos ahogaremos con el trozo de pan

sin vender por pedazos la caricia

seremos las náyades azules silbando a Bola de Nieve

conocedoras de la pureza extraña de la infidelidad

Expertas de sexo hermoso

como recién nacido pájaro de malagüero

Hechiceras

elegidas de Dios

ella escucha a benny moré
mientras los forasteros almuerzan

Alguien me pasa un caramelo blanco

como la mentira

Yo no he querido masticar su luz

que sabe a nada

y me he sentado

al revés de los banquetes pálidos

de la lengua

En Santa Isabel de las Lajas tiemblo

dejo que el Benny me acaricie

con su bastón de espuma

He visto un niño en este sitio

y un mendigo

y una mujer que aborta penas

Ellos se agarran duro de la suerte

para soñar que sueñan otro festín del cuerpo

quizás la mueca o magia de la boca

El Benny dice   alma mía

mi rincón querido

y yo me entrego al signo de esperarlo

La muerte es permanencia sin palabras

Alguien baja la música

ordenan cruel silencio

pero un fantasma puede contra el hombre

disipar el milagro

Entonces vuelve el Benny

como quien nunca escapa

Y entona su banquete para otros

4:00 a.m.

Cuatro veces ha cantado el gallo

y *he volvido* a olvidar otro poema

La computadora me señala algunas palabras

que quiero escribir erróneamente

También me estorban algunas perfecciones

Si me dedicara a hacer cosas prohibidas

lanzaría la bomba que rueda en mi cabeza

He dejado de ser feliz cuatro estaciones

cuatro eran los felinos que acariciaba

el hombre que amé

y cuatro mil setecientas

las oportunidades que le he dado a la gente

He dado cuatro pésames

me vieron cuatro veces en peligro

cuatro navajas

cuatro artificios

cuatro falsos países pasaron por mis ojos

cuatro perros con rabia acaricié

Son las 4:00 a.m.

Mañana despertaré serenamente

a organizar mis cuatro desatinos

no tientes a los ángeles de las vocales

(Por A.E.)

Lo estoy creyendo todo como una adolescente

lo que aprendí del polvo y de la piedra

Si paso un dedo por la piel

ningún nombre ha quedado

Soy de esponja o de musgo

de fibra vegetal que no digiero

Si siento un ruido

retorna la cuerda que me habita

Fui crisálida a punto de reventar

emoción lacrimógena

No volveré a decir lo que no crean

te extraño como un niño

dame tu leche

la tetilla rosada

Acerca tu mano a mis nalguitas

y canta

Eres el gallo rojo

El 23

¡Atrévete!

leyendo a borges

te recorro un poco
Cuando te asomas entre verso y verso
Mirándole los ojos yo converso
contigo   con el ciego   con el loco

Desde la madrugada solo ejerzo
este oficio febril donde te invoco
Con los ojos cerrados lo convoco
hasta el sitio de paz del universo

Tú dibujas banderas y países
hierbecillas silvestres   caracolas
Él ofrenda palabras y corolas
cayendo como tierra en mis raíces

Yo aguardo cuerpo abierto los matices
del canto agradecido de tus olas

necesito que mires la postal

de la mujer desnuda

donde no estaba yo

la bilis en el aire

el hueso anclado

tuve un lunar en la frente

como dulce cicatriz

algún nombre   fui Beatriz

o Luzbel   tuve simiente

para cruzar diferente

el gris de mi pueblo cónico

tuve una flecha   un irónico

juguete donde rompía

la inocencia   corrompía

el silencio de lo agónico

Fui Mesalina   Vallejo

Greta Garbo   Frank Sinatra

fui la Duncan   Yo Cleopatra

reflejada en el espejo

fui Charlot   su rostro viejo

Alfonsina desde el mar

Lorca   Miguel   un juglar

fotografiando a Modotti

Gertrudis y Pavarotti

y Marguerite Yourcenar

Edipo con su letargo

yo su madre   Napoleón

Patroclo   Aquiles   Sansón

—fortaleza y pelo largo—

fui la cicuta   el amargo

veneno que tarareaba

Eurípides   Fui la aldaba

que Sófocles no abriría

Franz Kafka cuando dolía

Ese cuervo que chillaba

yo soy la vendedora de pescados

la que desanda el pueblo a toda prisa

Soy yo la vendedora de ceniza

de insólitos anhelos desatados

El fuego de los siglos   los pecados

la magia salvadora   el desatino

regalo a quienes andan el camino

del odio macilento y rutilante

Yo soy la vendedora del turbante

No vendo ni promesa ni destino

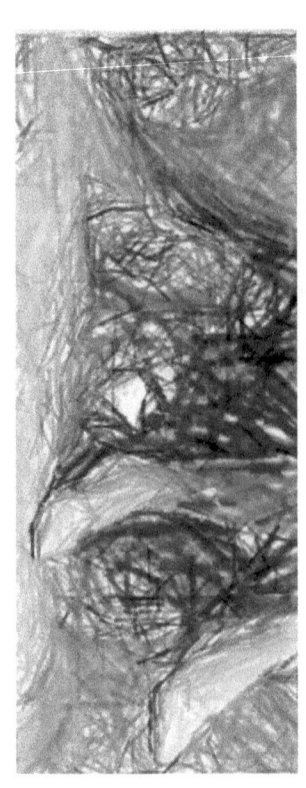

óleo de mujer sin sombrero

Aquí estoy   con el sombrero

tendido   vendo mis ojos

los cambio   por sueños rojos

por la piedra   por un fiero

crepitar   al pordiosero

le regalo la pestaña

dormida   vendo la huraña

nariz que flota   en la reja

de otra faz   cambio la ceja

que bordó una musa extraña

Señores   vendo mi boca

paguen caro por la lengua

—esa serpiente que mengua

que se esparce y se disloca—

Vendo mis uñas   la roca

de mi clásico pezón

la rodilla y el muñón

profundo como un ombligo

Vendo mi piel   —ese abrigo

que azotara mi armazón—

Vendo mi sexo rapado

como pájaro proscrito

Vendo sus plumas   su grito

lo vendo crucificado

Y aquí solo   amortajado

agoniza fantasmal

huérfano de luz y sal

de encrucijadas con precio

El corazón   hombre necio

que no aprende de metal

trabalenguas con perra

Perra que hueles la noche

como excremento profundo

Perra que ladras al mundo

con colmillos de fantoche

Perra mordiendo algún broche

algún feroz alarido

Perra sola en el gemido

tristísimo del encierro

Perra mía sin un perro

para alcanzar su ladrido

Perra perdida en lo oscuro

sin un hueso para el hambre

Perra mordiendo el estambre

purulento e inseguro

Perra pateando ese duro

destino grácil del mal

Perra fiel y fantasmal

Perra   estás en mi oración

como toda maldición

como bendito animal

hombre hombre

        yo me ofrezco
como cáliz a tus dientes
Hombre   hombre   cuando mientes
yo perezco   yo perezco
Hombre mío   si anochezco
no gimas   porque tu mano
es sangre gris   el insano
precipicio donde empujas
Guarda   hombre   tus agujas
Guarda todo tu pantano

El dibujo que en el vientre
pintaste   llora la huella
Apenas queda una estrella
que se apaga   Cuando entre
tu puñal y nada encuentre
vuelve a guardar tus agujas
Hombre mío que dibujas
en mis nalgas un escualo
vete pronto   ya tu falo
no apacigua mis burbujas

soneto de la puta triste

Hoy vuelvo a ser aquella puta triste

que maullaba sin par en el tejado

Retorno a ser clavel anonadado

hoy picoteo el hambre   no hay alpiste

calmando este furor que presidiste

Mi cuerpo muere frío   arrodillado

y aunque intentes la daga en mi costado

de qué vale   si soy la puta triste

Los muslos   la saliva   la cabeza

todo lo que bien pude y que perdiste

todo quise enmendar en la pureza

Pero tú lentamente te partiste

y le quité lo triste a la tristeza

¿Y quién dijo que soy la puta triste?

oscuro atardecer

En esta nueva casa

no he podido escribir

un maldito poema

Ahora frío pescados

Mi hombre se debate

entre él y la indiferencia

entre él y la nueva tecnología

Mientras tanto vigilo

el aceite caliente

el pez sin libertad

nocturno y oración

Necesito una sombra delicada

sobre mi piel   Del tacto la mesura

Un atisbo apacible   la cordura

del gesto que procure la emboscada

Necesito una lluvia ante mis ojos

de palabras hermosas y corrientes

Nenúfares o peces sorprendentes

la madrugada tibia   árboles rojos

Necesito tu lengua en mi postura

de niña adormilada   niña impura

que solicita un roce   simplemente

Si del silencio estalla el mudo grito

es porque poco a poco me marchito

No soy culpable yo   Fue la serpiente

trunca levitación

Te quedarás con Dios y su letargo

con su capa viril que alumbra el cielo

Te quedarás dormido en el desvelo

de la noche   que aúlla con su amargo

sortilegio de gritos y de sombras

Te quedarás con Él   con sus alfombras

y el grito sereno de su oleaje

Te quedarás borracho en su brebaje

y nada romperá lo que te anuda

Tú seguirás anclándote en la duda

azul y tormentosa del celaje

Yo seguiré soñándote   desnuda

eternidad de cuerpos

No son sus cuerpos   es el reguero de sus cuerpos

varones cuerpos alrededor del mío   sobre el mío

dentro del mío   preposiciones de cuerpo en el
reguero de mi cuerpo

No es que vuelen sus cuerpos   es que el aire retoza

con los papeles de sus cuerpos   un lápiz traza la
boca de sus cuerpos   El mío contra sus cuerpos

Varones cuerpos amigos de mi cuerpo   Decapitados
cuerpos máscaras de sus cuerpos

Una línea violeta trazada por sus cuerpos en mi

cuerpo   Cuchilla de sus cuerpos   Vísceras de mi

cuerpo   La sangre de sus cuerpos en mi cuerpo

elegía de los deseos

Quiero una casa vacía

donde el mar moje descalzo

Quiero una flecha   no el falso

reloj de arena   la orgía

de la muerte   la porfía

del huracán   Quiero dos

libélulas   un adiós

para siempre levitar

y ya nunca naufragar

Quiero la mano de Dios

su mansedumbre   su todo

la pureza de la nube

aquel juguete que tuve

inocencia sobre lodo

Quiero un camino   recodo

donde apaciguar la tos

otro pájaro   la voz

transparente de mi aorta

El verso que a nadie importa

Quiero la mano de Dios

toma mi vena

        es la verde
gota de sangre que cruza
por el cuerpo   escaramuza
y ofidio que se me pierde
Fístula delgada   muerde
el pincel de la palabra
Claroscuro   Abracadabra
del destino a que me anudo
Canto azul si me desnudo
Canto rojo que te labra

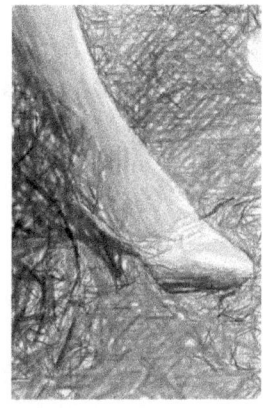

las estatuas

desde el fondo

Yo nunca tuve mar

ni brazos con qué llevar mi hija a las olas

Nunca tiré piedras al espécimen

mis padres prohibieron el azul

gritaron   «hasta allí los límites

la mirada divisoria entre las aguas

hasta allí la sal   los ahogados

la fría eternidad de los peces en las rocas»

Siempre creí que el mar estaría en cualquier pueblo

en cualquier casa

en cualquier madre

pero mi madre nunca tuvo mar

y en mi casa solo hubo un balde

donde el amante orinaba su ausencia

El mar fue un barco que se hundía

un anuncio solitario desde arriba

Pero se fue del país

de mis amigos

Nada hizo mi anzuelo para encontrarlo

lancé botellas a ese hueco que alguna vez fue manantial

lancé la geografía   la pulcritud

los delfines tan humanos ante la oscuridad de mi pueblo

Alguien dijo   «La lluvia nos traerá el mar»

Pero no llovió en cuarenta días

Ni hubo madres felices ancladas con sus hijos

El país fue un arca

a ella solo llegaron animales malditos

(esa ungida inocencia de los animales sin espina

ese vaho silencioso de los amantes oscuros)

El país solo fue un lugar para los que escapaban

un mapa compartido con la nieve

«Madre»   grita mi hija

y el nombre a secas me devuelve aguas

«Madre   qué ciudad nos salvará el naufragio

qué aullido nos pintará el silencio

en qué cuerpo quedarán los brazos abiertos

a ese dolor imposible de lo limpio»

Yo nunca tuve un mar tocándome la puerta

deslizando tranquilo por hendijas su recuerdo migratorio

nunca bañé su fantasma contra mi cuerpo

su ácido contra la imperfección del rostro

Pude lanzar mi corazón en una botella

partir desnuda tras las malolientes gaviotas

pero nunca tuve un mar   el soplo de las velas

la danza de su ruido pálido y mecánico

Quién iba a anunciar las aguas

ese arrepentimiento de los que se hundían sin país

las piedras   la isla

los ahogados   sus bocas abiertas al olvido

Quién iba a empujar hacia este silencio sus tablas

Hundida el arca

vueltos los animales a esa costumbre oscura de

                         la existencia

el mar retornó a golpearnos

y dolió al cuello la nostalgia bulliciosa del tumulto

Mi hija pintaba barcos en la pared

mientras otro amante flotaba prendido a mi cuerpo

Ahora que ardo sobre esta isla animal

mi húmedo hundimiento de vida

y mojo la arena desolada donde perdí mi casa

siento el nombre que duele en las costas

esa frígida felicidad sin brújula

Mi hija y yo

también nos hemos ahogado

la culpa y el dolor

Entran en mí

la culpa y el dolor

todo lo oscuro y lento

como lava o lujuria

lo que se empoza

Palabras como dardos

Entran el humo

la chimenea de piedra

los cañones

Saldrán de mí

hermosas mansedumbres

refulgentes caricias

felicidad

las lámparas caen

así

encima de la gente

son de bronce

sin anestesia

parten

claudican

en mi casa hubo una

madre la echó a volar

cuando chillamos las cazuelas

tienen flores

náyades

guerreros

que se incrustan

y odian

las he soñado oscuras

de pronto un relámpago

las vuelve

cristales

bisutería

mujeres

solas

sumisas

suntuosas

santas

siniestras

nubes

ángeles

art-nouveau

moléculas

penden

levitan

ordenan

a veces pienso que Dios

también puede

tribulación del diablo sobre mi cuerpo

Se acerca

viene con paso cándido

sonríe como si nada

abraza satisfecho

pasa su mano simple sobre mi boca turbia

«Sé besar sé la trama de la soberbia»

no lo dice

pasa la mano sentenciosa

el cuchillo invisible

Quién iba a decir que yo estaría tras la reja

cazando ásperos insectos

contando los lunares sobrevivientes

He extendido los brazos

y el custodio no regala mendrugos

llega exacto con la cuota de hambre

Ya no somos difuntas las que vestimos de gris

somos las mensajeras de él

quien nos trajo de la mano y nos vendó los ojos

quien tomó nuestros labios y dijo

«Sé besar»

Hay tantas telarañas

trabajan como yo nunca podría

tejen dichosas su fortuna

Escucho sirenas que acusan como un dedo

No he mentido

yo fui muchas veces a Dios

él nunca oprimió su índice contra mi frente

solo decía en un murmullo

«hija   no más los amantes

no más esa carne rodando por la ciudad»

Las hijas como yo no escuchan

lanzan cabeza contra sueños

aunque la madre balbucee

«no camines con pájaros rapaces

no marees las venas»

Las hijas como yo usan lentes oscuros

y el pelo les cae sobre los ojos

aunque el mejor amigo grite no al estiércol

mientras regala un abrigo de nieve

para tejer otro país

Sigo tras la reja

echada como un perro

definitiva para la muerte

golpean tanto mis costillas

creo que no soy

un enredo de cánticos y verdugos se escucha

No me arrastren al fondo

Yo fui muchas veces a Dios

                                        a veces

      yo no me entiendo

la fragilidad de espina

A veces soy la morfina

de los locos   Soy estruendo

Pobre lujuria   lo horrendo

Agua turbia de los peces

Tierra mojada   reveses

Soy un perro mutilado

Lucifer enamorado

Solo a veces

      Solo a veces

misterio de clepsidras

En esta cara oculta   mi latido
guardo alucinaciones   un espejo
cierta amargura de un poema añejo
que ardió bajo el incendio del olvido

Duermen calladamente en la memoria
imágenes traslúcidas   países
sospechas   aventuras   cicatrices
fragmentos ofuscados de la historia

Es esa oscuridad del laberinto
—donde descansan nombres   circunstancias
que esperan la señal en su recinto

para exhibir sus luces y fragancias—
Misterio de clepsidras y sustancias
Fortuna perdurable del instinto

                              un no profundo

      me devora   Indago

la vasta claridad   no me resigno

a tan cobarde fórmula   cual signo

es vocablo trivial   pretexto aciago

El No es proposición sin disyuntiva

fin en la línea de la matemática

ocaso sin aurora   La dramática

razón de mera y torpe alternativa

Preciso otro motivo   el argumento

del origen sin fin   algún intento

para reconquistar el Sí extraviado

Un astro sin eclipse ni pasado

de duda o propensión hacia el lamento

que irradie sobre auténtico enunciado

se murieron los peces

se extraviaron
por un hilo de sangre   luz   o agua
Dibujaron el fuego de su fragua
a oscuras con cautela se fugaron

Mis peces silenciosos planearon
escapar hacia un mundo diferente
donde tal vez el aire fue la urgente
libertad o ambrosía que encontraron

¿Por qué rompieron todos mis cristales
y eligieron sangrar a estar adentro?
¿Por qué la turbación hacia el encuentro
de inexplorados mundos fantasmales?

Hoy nacen en mi ser otros caudales
y respiran más peces en el centro

mi turbia carcajada

Quizás haya llegado a ser un rito
disfrazarme la boca y la mirada
con ridículo gesto   Bufonada
que complace al hermano y al proscrito

Ha llegado tal vez a ser un mito
silencioso mi turbia carcajada
de bestia   que aunque bestia enamorada
paga la consonancia de su grito

Prodigiosa es la mueca que procura
algarabía o festín en personajes
que asisten a la vida sin ambages

ni manchas que laceran su hermosura
Quiero reír   pero me faltan trajes
para el jolgorio de la risa pura

yugo y estrella

Pudiera darte la autobiografía
de una vida sin riesgos ni exabruptos
alejada de infames o corruptos
malabares hostiles de agonía

Puedo mostrarte yo la apología
que me conceden y jamás ostento
pues escribir es un divertimento
que me propuso Dios y la Poesía

A tu yugo torcido en el presagio
de lo que soy   puedo mostrar la rosa
la lágrima   la estrella que retoza

palpitante en el sueño   Hacia el naufragio
veloz avanzas   Y esta mariposa
aun puede alzarte en su ala tormentosa

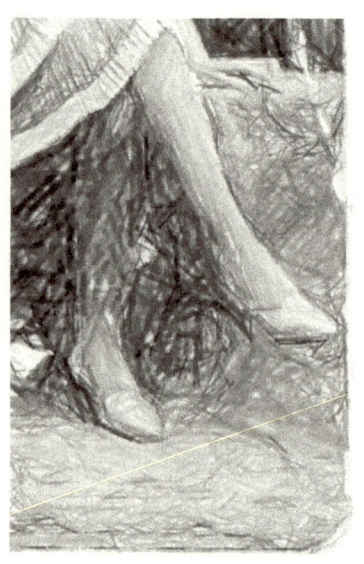
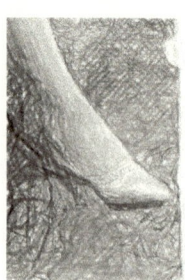

las que prefiero

Ánfora   melancolía

sempiterno   libertad

arrebol   eternidad

ternura y epifanía

Seno   pez   algarabía

libélula   iridiscencia

pan   infinito   demencia

maldeamor   perla   costumbre

murmullo   luz   mansedumbre

campana   olvido   clemencia

                    las que no prefiero

Puñalada   mentecato

Vómito   traición   espera

Servidumbre   calavera

Odio   pocilga   barato

Crueldad   herrumbre   arrebato

Marioneta   pordiosero

PALABRAS QUE NO PREFIERO

Perversidad   agonía

Anestesia   lejanía

Resaca   pus   desespero

lo que me hace morir

Yo no puedo quitarle a mi sangre

lo que la hace morir

una pústula

—gelatinosa—

un castillo de cal

Para la indecisión

el puntapié en la bocacalle

Abajo está lo bello

lo sublime

Por no decir las plumas en el fondo

En la superficie de mi sangre

el trueno cae

Yo no puedo quitarle

lo que la hace vivir

porque tengo un alma rara

y una mordaza en la boca

lenta lluvia que me azoca

el verso que se dispara

Porque ha borrado mi cara

el lunar de la niñez

Y mi cicatriz ya es

tan profunda como dardo

húmeda y callada ardo

Taciturna en el envés

Pero he mirado la luna

y no es un filo en la noche

atisbo en ella derroche

de manantial y fortuna

Es un pétalo la luna

dibujándome la rara

tristeza que se enmascara

palpitante tras el verso

donde vuelve el universo

a iluminarse en mi cara

isla negra

Mientras enciendo este cigarro Neruda agoniza

Ama sus Rostros   sus estatuas   sus máscaras

como a la ola perpetua que lo inunda

Yo iría en una de sus botellas hasta la roca frente a su ventanal

pero mi hija tiene cinco años de palidez

Mientras absorbo   el amigo brota como el aguacero

Se vuelve animal mío   dice que nada es un poema

que un poema es ser el loco de siempre

Fumo

Anochece

Quién puede llevarme hasta su laberinto

si es imposible armar otra emboscada

Quién puede izarme hacia su desnudez

 El mar es solo mío   su brillo metálico que asfixia

el puro aroma del salitre hasta el fondo de la nariz

Respiro

Un cigarro puede ser la salvación o la muerte

Un cigarro puede ser amar el universo   correr sobre la cuerda floja

Que nadie venga a soplar el humo

Que nadie rompa este fuego agradable

mientras mi hija rifa una nostalgia

mientras mi madre apaga las lámparas de coca

que ardieron sobre su juventud

Que nadie venga

Ni mi padre con la trombosis golpeando los pasillos

Ni mis muertos con sus infartos y la impiedad del abandono

Fumo

Y me pierdo para siempre en la humareda

Título original: *Las muñecas, las putas, las estatuas*
© Nuvia Inés Estévez Machado, 2017
© Primera edición, CAAW Ediciones, 2017
    caawincmiami@gmail.com
ISBN: 978-1-946762-04-7

Foto de cubierta: Cortesía de Nuvia Inés Estévez Machado
Diseño de cubierta: Jorge L. Álvarez

Este título pertenece al Catálogo Yulunkela (poesía) de CAAW Ediciones.
CAAW Ediciones es la división editorial de Cuban Artists Around the World, INC.

Todos los derechos reservados. Esta publicación no puede ser reproducida, ni en todo ni en parte, ni registrada en, o transmitida por, un sistema de recuperación de información, en ninguna forma ni por ningún medio, sea mecánico, fotoquímico, electrónico, magnético, electróptico, por fotocopia o cualquier otra, sin el permiso previo por escrito de CAAW Ediciones.

www.ingramcontent.com/pod-product-compliance
Lightning Source LLC
Chambersburg PA
CBHW020016050426
42450CB00005B/504